LK ¹² 303.

PROCLAMATION

DE M. LE GOUVERNEUR GÉNÉRAL,

CONTENANT

L'exposition de la conduite de l'Assemblée,
ci-devant séante à Saint-Marc,

ET

INVITATION

Aux Paroisses pour en former une nouvelle.

AU PORT-AU-PRINCE,

DE L'IMPRIMERIE DE MOZARD.

1 7 9 0.

PROCLAMATION

DE M. LE GOUVERNEUR GÉNÉRAL,

Contenant l'expofition de la conduite de l'Affemblée ci-devant féante à Saint-Marc , & invitation aux Paroiffes pour en former une nouvelle.

Du 29 Août 1790.

AU NOM DE LA NATION, DE LA LOI ET DU ROI.

LOUIS-ANTOINE-THOMASSIN, COMTE DE PEINIER, Chef d'Efcadre des Armées navales , Commandeur de l'Ordre royal & militaire de Saint-Louis , Gouverneur Lieutenant général des Ifles Françoifes de l'Amérique fous le Vent , & Infpecteur général des Troupes , Artillerie , Milices & Fortifications defdites Ifles.

EN provoquant la diffolution de l'Affemblée coloniale féante à Saint-Marc, par ma Proclamation du 29 Juillet dernier, je me fuis propofé d'informer plus particulièrement la Colonie des motifs qui m'y ont déterminé, & de mettre les Paroiffes sur la voie d'en former une autre plus pénétrée de leurs véritables intérêts. C'est pour remplir ce double objet que je publie la présente Proclamation.

La Colonie a pensé avec raison qu'une Assemblée générale étoit nécessaire pour la faire joüir des bienfaits de l'heureuse révolution qui s'opère en France. Ses Députés à l'Assemblée nationale, & les Colons réunis à Paris, étoient convenus de la forme de cette Assemblée, & des objets dont elle devoit s'occuper. Le projet, rédigé en ordonnance, avoit été publié au commencement de cette année, mais il ne convint point à ceux qui dirigeoient ici l'opinion publique, & ils en arrêtèrent un autre qui fut exécuté sans aucun obstacle.

Il y avoit lieu d'espérer le plus grand bien d'une Assemblée aussi librement élue; mais ses premiers pas firent voir que l'on avoit, au contraire, les plus grands maux à en craindre. À l'instant de sa Constitution, elle prit pour légende : *Saint-Domingue, la Loi & le Roi*, & en substituant ainsi Saint-Domingue à la Nation, elle montra ouvertement l'intention de faire de la Colonie un état indépendant de la France.

Aussitôt elle s'attribua une autorité supérieure à toutes celles qui existoient dans la Colonie; le Gouverneur général fut traité avec la plus grande hauteur & en personne, & par écrit; les principaux Officiers des Places mandés à la barre, interrogés & réprimandés; le Conseil supérieur humilié en Corps, publiquement & dans le lieu de sa séance; le Commissaire qui fait fonctions d'Intendant, dépouillé injurieusement de sa qualité, & appelé à la suite de l'Assemblée comme s'il étoit un de ses serviteurs. Telle a été dès le commencement la conduite de l'Assemblée de Saint-Marc sur les Personnes.

Elle n'a pas été plus réservée sur les Finances & sur les Lois. Ce n'étoit pas tant l'Administration des fonds publics, que les fonds publics eux-mêmes qu'elle recherchoit; elle se les est appropriés par-tout où elle a pu assez intimider les Receveurs : mais la résistance de l'Administration l'ayant irritée, pour s'en venger, elle a interrompu la perception des droits, soit en donnant ouverture aux fraudes, soit en fupprimant quelques branches des revenus publics, comme celle qui provient des affranchiffemens.

Il y a peu de Lois qui n'ayent éprouvé quelque atteinte de la part de l'Affemblée.

Sa conduite, à l'égard des Finances, montre affez fes entreprifes fur les réglemens qui les concernent.

En fufpendant les affranchiffemens, elle a porté atteinte aux Lois les plus fages & les plus bienfaifantes; à celle qui permet aux efclaves d'efpérer la récompenfe de leur fidélité & de leur affection pour leurs maîtres; à celle qui augmente les fonds publics, d'un tribut prefque volontaire, & qui s'emploie à des travaux utiles aux Habitans de la Colonie; enfin, à celle qui accorde des fecours aux pères & mères des familles nombreufes.

Elle a fufpendu l'exécution des Lois fur les conceffions, & par-là elle a retardé, autant qu'il étoit en elle, les progrès de l'agriculture, & l'emploi des fonds & des forces que pourroient avoir ceux qui prétendent à ce genre de bienfaits.

Dans l'ordre judiciaire fur-tout, elle a exercé des pouvoirs qui, jufqu'ici, ont été confidérés comme les principaux attributs de la fouveraineté. Elle a interverti toutes les formes établies, fupprimé des Tribunaux, bouleverfé les compétences, changé le fort des Juges, diminué leur nombre & altéré leurs fonctions.

Elle a créé des Municipalités auxquelles elle a donné beaucoup plus de pouvoirs que l'Affemblée nationale n'en a conféré à celles de France. Elle a compofé leur autorité de celles des Chefs militaires fur les Troupes réglées, du Gouverneur général fur les départs, des Commandans de place fur les paffe-ports, des Officiers d'Adminiftration fur les Gens de mer, des Officiers des Juridictions fur la police, & des Officiers des Amirautés fur le Commerce maritime.

Enfin, pour marcher abfolument l'égale de l'Affemblée nationale, elle s'eft déclarée *permanente*, elle a déclaré fes Membres *inviolables , inamovibles ;* elle a décoré la durée de fes feffions de la qualification impofante de *légiflature ;* elle a appelé fes arrêtés des *Décrets ;* & rougiffant d'avoir des *Députés* parmi les Repréfentans de la Nation, ce qui lui a paru déroger à fa fouveraineté, elle les a appellés *fes Commiffaires vers l'Affem-blée nationale.*

Les conféquences de ces démarches hardies ne m'échappoient point, cependant je crus devoir temporifer & ne pas m'oppo-fer ouvertement à ce que cette Affemblée ordonnoit. J'évitai même de feconder le mécontentement qui fe manifesta, pour ainfi dire en un inftant, dans toute la Colonie. La province du Sud avoit publié & envoyé en France des proteftations de demeurer toujours unie à la Métropole. La province du Nord avoit pris un arrêté, le 17 Mai, pour refufer d'exécuter les Décrets que je n'aurois pas fanctionnés provifoirement. Dans la province de l'Oueft la Cour fupérieure avoit, par un arrêté du 21 Mai, repouffé l'attentat que le Décret du 14 portoit aux Lois ; diffé-rentes Paroiffes s'étoient élevées contre des entreprifes évidemment contraires à la fouveraineté de l'Affemblée nationale, & à l'in-térêt commun de la France & de Saint-Domingue. J'effayai de me placer entre l'Affemblée de Saint-Marc & la Colonie, jufqu'à ce que les Décrets de l'Affemblée nationale des 8 & 28 Mars, que l'on connoiffoit déjà, me fuffent parvenus dans la forme légale.

Ils arrivèrent le 29 Mai. J'y vis mes devoirs, dès le lende-main je les remplis ; j'y vis mes droits, je me propofai de les exercer. L'Affemblée y vit auffi fes devoirs & fes droits ; je dirai comment elle en a ufé. La Colonie entière n'y vit que des bien-faits, & tous les temples retentirent d'actions de grâces ; il étoit réfervé au Comité du Port-au-Prince de protefter contre cet élan de la reconnoiffance publique.

L'Affemblée coloniale avoit, par un Décret du 28 Mai, éta-bli formellement fon indépendance abfolue de l'Affemblée natio-nale ; elle s'étoit attribuée fans détour le pouvoir légiflatif, en ce qui concerne le régime intérieur, & elle ne regardoit plus les rap-ports de la Colonie avec la France que comme la matière d'un contrat où les deux parties font également libres & maîtreffes de leurs confentemens & de leurs conditions ; encore excluoît-elle de ces rapports l'introduction des fubfiftances venant de l'Étranger.

Les Décrets des 8 & 28 Mars, loin de ralentir fa marche l'avoient accélérée , auffi lorfque je les lui eu envoyés officiellement, elle déclara n'y adhérer qu'en ce qui ne contrarioit point fon Décret du 28 Mai, & perfévera ainfi en très-grande connoiffance de caufe, dans fon fyftème d'indépendance.

Il reftoit cependant encore une efpérance aux amis de la patrie. Les Paroiffes étoient admifes à juger l'Affemblée, & le cri général qui s'étoit fait entendre le mois précédent, fembloit être le préfage de fa révocation. Elle ne diffimula point fa crainte, tout en invitant les Paroiffes à s'affembler, elle avança qu'une nouvelle convocation offroit des inconveniens; pour ne pas perdre l'avantage du terrain, elle déclara qu'elle continueroit affidument fes fonctions; elle publia une adreffe à fes Conftituans, où n'ayant rien à dire de ce qu'elle avoit fait, elle promit tout pour l'avenir. Mais elle connoiffoit la foibleffe de ces moyens généraux; elle en employa un bien plus puiffant, ce fut de dépêcher des émiffaires dans toutes les Paroiffes pour les déterminer en fa faveur.

Ceux qu'elle envoya au Cap ne réuffirent cependant pas; la députation étoit trop folennelle, trop connue; elle ne fit aucun fruit, elle fut chaffée. Les autres dont la miffion étoit plus fecrette, & la conduite plus cachée, eurent auffi plus de fuccès. Soutenus par des Comités, ou des Clubs dont l'exiftance étoit liée à celle de l'Affemblée, ils fe firent de nombreux partifans; & le tumulte, les violences qu'ils excitèrent dans les Affemblées de Paroiffes, ayant écarté tous les Citoyens paifibles, il ne refta plus que ceux dont le fuffrage leur étoit affuré.

Je fus inftruit à l'inftant de ce qui fe paffoit en ce genre au Port-au-Prince, le 13 Juin; mais le Comité à qui les événemens convenoient, étoit bien éloigné de me demander une garde de sureté, & je craignis d'être accusé de manquer à mon serment, si je l'envoyois de moi-même.

Le temps de rendre public le vœu des Paroisses arriva. Mais plusieurs d'entr'elles, avoient négligé de m'envoyer leurs délibérations; plusieurs m'envoyoient, ou des délibérations postérieures qui contredisoient les premières, ou des protestations qui atténuoient la confiance due aux délibérations; plusieurs imposoient à l'Assemblée la condition de se conformer aux Décrets des 8 & 28 Mars; & enfin, il n'y en eut que très-peu qui m'envoyèrent l'état de leurs Citoyens actifs. Il y avoit donc quelque difficulté à publier un résultat qui n'étoit ni entièrement connu, ni nettement exprimé. Mais l'Assemblée mieux instruite apparemment par ses émissaires que je ne l'étois par les marguilliers, l'Assemblée qui bravoit toute difficulté pour arriver à ses fins, l'Assemblée se déclara elle-même confirmée le 6 Juillet, ordonna un *Te Deum*, en actions de grâces de la victoire remportée, disoit-elle, *sur les ennemis de la Colonie*, & ajouta que chaque année, le 14 Juillet, il seroit chanté un *pareil Te Deum*.

Je vis les horreurs dont la Colonie étoit menacée, & par le motif donné au *Te Deum*, & par la fondation qui tous les ans pouvoit mettre les Habitans aux prises, & même par le choix d'un jour qui confondroit cette prétendue victoire sur des Citoyens avec les événemens qui remplissent d'alégresse tous les François. Je m'opposai à la promulgation du Décret; mais je crus qu'il étoit prudent de taire la principale cause de mon opposition, je ne m'appuyai que sur l'incompétence de l'Assemblée, & sa précipitation.

Je publiai cependant le vœu des Paroisses qui m'avoient remis leurs délibérations. J'eus même pour l'Assemblée la condescendance de ne point parler des protestations faites contre les délibérations qui la confirmoient, de celle, sur-tout, de 150 Citoyens du Port-au-Prince, qui pouvoit bien détruire une délibération où il ne se trouvoit que 50 signatures. J'eus la condescendance plus grande encore de mettre au rang des suffrages qui lui étoient favorables, ceux des Paroisses qui exigeoient qu'elle se conformât aux Décrets de l'Assemblée nationale; je ne voulois pas perdre l'espérance qu'elle s'y conformeroit, quelques raisons que j'eusse de croire le contraire. A défaut de dénombrement, je me servis des récensemens, base fautive, il est vrai, mais la seule que je pusse consulter ; & je prononçai que l'Assemblée étoit confirmée à la majorité de 90 voix contre 48. Il eût été aussi facile de faire pencher la balance de l'autre côté.

Ce fut alors que l'Assemblée de Saint-Marc, qui crut ne pouvoir plus être contrariée, se livra à toute la licence de l'autorité arbitraire.

Impatiente d'avoir les Finances à sa disposition, elle n'avoit pas attendu ma déclaration du vœu des Paroisses pour y porter la main ; le jour même qu'elle se déclara confirmée, elle décréta qu'il lui seroit remis deux cens mille livres par mois, & le lendemain, sans attendre la réponse de l'Administrateur des Finances, elle enjoignit aux Receveurs des Octrois de payer à chacun de ses Membres ce qu'il demanderoit. Ce point important réglé, elle passa quelques jours dans le repos, & reprit ainsi ses fonctions souveraines.

L'Assemblée provinciale du Nord avoit renvoyé la députation de Saint-Marc, réformé une Municipalité trop nombreuse, trop puissante, trop ennemie de la tranquillité de la ville du Cap ; de plus, elle s'étoit élevée contre l'arrêté par lequel l'Assemblée de Saint-Marc s'étoit déclarée confirmée : elle fut cassée.

Un grand nombre de Citoyens du Port-au-Prince s'étoient réunis sous la dénomination de *Volontaires nationaux*. Cette Corporation s'étoit vouée par serment au maintien de la tranquillité publique, & même à la défense de l'Assemblée de Saint-Marc ; mais elle demandoit la soumission aux Décrets de l'Assemblée nationale, elle ne vouloit pas reconnoître la supériorité du Comité : elle fut cassée.

Deux Membres de ce Comité étoient prévenus de délits très-contraires à la sureté publique. Je les avois dénoncés au Procureur du Roi, ils étoient décrétés par le Siège ; l'Assemblée de Saint-Marc défendit aux Tribunaux de continuer les poursuites, & prit les accusés sous sa sauve-garde.

Un autre délit avoit été commis au Cap, au mois de Décembre dernier. L'Instruction avoit indiqué pour principal auteur un Membre de l'Assemblée de Saint-Marc, il alloit être décrété ; l'Assemblée le couvrit de la disposition indulgente d'un de ces Décrets qu'elle ne veut pas reconnoître, & que l'accusé lui-même avoit appelés *impie*, elle prétendit que ce délit, tout inconnu qu'il a dû être à l'Assemblée nationale, est du nombre de ceux pour lesquels il a été déclaré qu'il n'y avoit lieu à inculpation, & elle en interdit la connoissance à la Juridiction du Cap.

Une des principales bases de la confiance du commerce national pour les armemens qu'il destine à la Colonie, c'est la limitation des ports ouverts aux étrangers ; la Colonie en retire d'ailleurs l'avantage de faire plus facilement payer les droits, & surveiller la fraude. L'Assemblée de Saint-Marc a décrété que les étrangers seroient reçus par tout où il y auroit Municipalité ; & comme il n'y a point de quartier si petit qu'il ne doive avoir une Municipalité, on peut dire que, par ce Décret, tous les points de la côte seroient livrés aux étrangers. D'où il résulteroit l'anéantissement du commerce de France, le dépérissement des Finances de la Colonie, & quoiqu'en ait dit l'Assemblée, la ruine du cabotage qui fait ici la profession d'un grand nombre d'hommes laborieux. Je dois ajouter que ce Décret étoit d'autant plus inconsidéré, qu'à cette époque la Colonie étoit suffisamment pourvue de subsistances, que le pain étoit à un prix modéré, & que bien loin que la disette fût à craindre, le temps de l'abondance approchoit.

Pour maintenir cette souveraineté, pour écarter la Nation qui voudra reprendre ses droits, pour repousser le commerce qui réclamera, ou la continuation de ses priviléges, ou le payement de ses créances, il faut des forces de terre & de mer. L'Assemblée s'en étoit occupée depuis long-temps ; elle avoit institué un Comité de force publique ; elle avoit mis les recrues qui viennent de France , à la difpofition des Municipalités ; elle avoit attribué à ces Corps la prérogative de recevoir le ferment des Troupes, d'ordonner feuls leurs mouvemens , de leur donner le mot d'ordre ; elle avoit imaginé une nouvelle formule de ferment où Saint-Domingue fembloit mis à la dernière place pour effacer de la mémoire ce qui précédoit ; elle avoit mis fous l'autorité des Officiers municipaux , les Capitaines de Port , les Commiffaires des Claffes , & les Officiers d'Amirauté ; enfin elle avoit fupprimé les principales fonctions des États-Majors , & elle avoit efpéré fans doute à force de hauteur & d'audace , rendre les fonctions du Gouverneur général faftidieufes , & fes devoirs impraticables. Il ne lui reftoit plus qu'à fe procurer des Régimens , des vaiffeaux , & un Général à fes ordres ; elle l'entreprit.

Je pafferai légèrement fur ce qui me concerne , fur ces motions fi fouvent répétées pour me deftituer , & qui ont abouti à me profcrire & à me remplacer par un de ceux qui en avoient le moins le droit. Mais je dois plus de détail aux autres faits de l'Affemblée.

Elle fit répandre avec profufion par-tout où il y a des Troupes réglées , un projet de Décret pour changer les noms des Régimens , les prendre fous fa protection , comme fous fes ordres , & leur promettre une amélioration de traitement. Ce projet parut d'abord nud , enfuite avec cette apoftille à la main : *Ce Décret a été rendu.* Toutes les Troupes l'ont rejeté avec le plus grand mépris.

Ce moyen n'ayant pas réuffi , elle fit circuler le Difcours d'un de fes Membres qui annonçoit nettement l'augmentation de la folde , l'abréviation du temps de l'engagement , & une conceffion pour récompenfe.

Cette rufe n'eut pas un meilleur fuccès que la précédente ; alors l'Affemblée parla elle-même , elle porta le 27 Juillet un Décret qui licencie , fans autres formalités , toutes les Troupes réglées , & elle le mit à exécution autant qu'il dépendit d'elle.

La tranquillité de la ville de Saint-Marc & dépendances, que l'Assemblée prétendoit être en danger, m'avoit ci-devant déterminé à y envoyer un détachement de cent hommes ; c'est sur ce détachement que l'Assemblée exerça son perfide talent de séduction. Des présens, des repas, des prévenances commencèrent l'œuvre, la protection donnée aux délinquans, aux indisciplinés, l'acheva, six hommes seulement restèrent fidelles à leurs drapaux & bravèrent courageusement tous dangers pour les rejoindre, le reste du détachement eut le malheur de les abandonner.

Pendant que les Membres de l'Assemblée corrompoient à Saint-Marc les Soldats de la Nation, ceux du Comité du Port-au-Prince corrompoient les Matelots à bord du vaisseau *le Léopard*. Les manœuvres furent si sourdes que le Commandant du vaisseau en fut instruit le dernier ; & je ne le fus moi-même que par la notification d'un autre Décret du 27, qui défendoit de le faire sortir de la rade du Port-au-Prince. Je doutois encore de la défection d'un Corps presqu'entier de serviteurs de la Patrie ; pour me rassurer, ou pour ôter aux pervers cette force terrible, s'il en étoit encore temps, & préserver les autres bâtimens de la contagion, j'ordonnai d'appareiller la nuit suivante pour le Cap, & de-là, pour France. Le Commandant & les Officiers se mirent en devoir d'exécuter mes ordres ; mais tout l'Équipage refusa absolument d'obéir, déclara qu'il ne reconnoissoit que les ordres du Comité, menaça les Officiers ; & enfin il demeura pour certain que l'or de l'Assemblée, les menées du Comité, & le vin de leurs adhérens, faisoient perdre à la France un des principaux soutiens de sa puissance Maritime.

Je l'avouerai, ces vils forfaits, cette double corruption tentée sur toutes les Troupes de terre, & effectuée sur une partie des forces de mer, me pénétra de douleur & d'indignation. Les apparences d'une guerre prochaine, dont l'Assemblée étoit instruite avant moi, puisqu'elle avoit fait saisir aux Cayes les dépêches qui me l'annonçoient, rendoient encore ces crimes plus odieux, & la position des affaires publiques plus embarrassante. Les maga-

fins du Roi étoient forcés & pillés ; la division, le défordre aug-
mentoit par-tout, & des Citoyens en grand nombre me pref-
foient de faire ceffer l'alarme univerfelle. Je compris que pour
fauver la Colonie & y ramener la tranquillité, il falloit diffoudre
l'Affemblée de Saint-Marc & le Comité du Port-au-Prince ; mais
je n'en voulus pas prendre feul la réfolution.

J'appellai près de moi plufieurs Officiers prefque tous propriétaires, ou autrement intéreffés à la profpérité de la Colonie ;
je leur expofai les faits, je leur préfentai les pièces. Il fut reconnu
que l'Affemblée n'avoit pas fait un acte qui ne fût un pas vers
l'indépendance ; que les deux derniers confommoient l'ufurpation
du pouvoir fouverain ; qu'au furplus cette Affemblée qui devoit
être de 212 Députés fe trouvoit réduite à moins de cent, les
hommes modérés s'étant retirés, ainfi que ceux qui n'avoient rien
à gagner au défordre, & ceux qui fe croyoient obligés d'obéir à
leurs Paroiffes qui les rappeloient ; qu'il étoit déformais inutile de
tenter de ramener par la raifon & la patience ce refte d'Affemblée qui s'étoit fait un fyftème de révolte contre la Mère-Patrie ;
qu'ainfi il falloit choifir entre ces deux partis, ou abandonner la Colonie à quelques individus perdus de dettes, dont le premier foin,
après avoir vidé les coffres, feroit de faire banqueroute à leurs
propres créanciers, ou faire les plus grands efforts pour les difper-
fer. Et ce fut alors que fut arrêtée la Proclamation du 29 Juillet,
qu'il fut décidé que l'on s'affureroit dans la nuit fuivante de quelques perfonnes les plus féditieufes, foit dans le Comité du Port-
au-Prince, foit parmi fes adhérens, & que pour y parvenir fans
émeute, il feroit diftribué dans différens quartiers de forts détache-
mens de la garnifon.

La même journée amena un événement qui devoit faciliter l'e-
xécution de ce projet. Deux particuliers apportèrent des Cayes
les dépêches que le Miniftre m'adreffoit, & que le Club de cette
dernière ville avoit fait arracher à main armée au Cavalier de
Maréchauffée qui en étoit chargé ; le Comité s'affembla dans la
nuit pour les lire. J'en fus inftruit ; on m'avertit en même temps
qu'il y avoit des mouvemens extraordinaires d'hommes armés
tant de la ville que du vaiffeau, & quelques avis annonçoient
de plus un complot d'incendie qui feroit propre à favorifer le
défordre que le Comité voudroit faire commettre.

14

Je donnai ordre à M. de Mauduit de veiller à la fureté publique, & de marcher à la maifon du Comité de concert avec les
Citoyens Volontaires qui s'empreſſoient pour l'accompagner, afin
de s'emparer des perſonnes qui lui étoient indiquées, & qui fe
trouvoient réunies dans cette maifon. Il l'auroit fait ſans coup fé-
rir, ſi la troupe du Comité n'eût pas tiré ſur lui. Cette funeſte
attaque a occaſioné la mort de deux Citoyens & de pluſieurs
Soldats; environ trente Citoyens ont été pris les armes à la
main, mais ils ont été relâchés ou le jour même, ou le lende-
main, encore que parmi eux il y eût un Membre du Comité,
& deux des perſonnes qui, ſuivant la déciſion du 29, devoient
être arrêtées.

Cet événement tout fâcheux qu'il eſt, a produit un grand bien;
& ce bien, c'eſt la paix. Le Comité s'eſt diſperſé à l'inſtant, j'en
ai prononcé la diſſolution le jour ſuivant; le vaiſſeau a appareillé
la nuit d'après pour Saint-Marc, & malgré les efforts de l'Aſſemblée, malgré ſes proſcriptions, ſes clameurs à toute la Colonie,
malgré même les Lettres de tous ſes Membres remplies de pro-
meſſes extravagantes à ceux qui prendront les armes pour elle, d'e-
xagérations ſur ſes forces pour inſpirer la confiance, d'horribles
imprécations contre le Gouvernement, malgré la nomination
qu'elle a faite d'un Gouverneur général pour me remplacer, elle
n'a pu parvenir à troubler la tranquillité dans la ville du Port-
au-Prince, ni dans les Paroiſſes voiſines qui profeſſent les mêmes
ſentimens.

L'Aſſemblée provinciale du Nord qui avoit eu l'avantage, ſi-
non de prévoir, au moins de dénoncer la première les excès
auxquels ſe portoit celle de Saint-Marc, fit de plus les premières
démarches pour les arrêter dans leur ſource. Au moment où
j'inſtruiſois le Cap de la néceſſité de s'armer pour forcer l'Aſſemblée de Saint-Marc à ſe ſéparer, le Cap ſe mettoit en mouvement
pour le même objet; douze Députés de l'Aſſemblée provinciale,
& des différens Corps des Troupes patriotiques, ſe rendoient près
de moi pour me faire les mêmes repréſentations; une armée
compoſée des Troupes de ligne, & de Gardes nationales du Nord,
s'approchoit de Saint-Marc tant par terre que par mer. Bientôt
des préparatifs du même genre ſe firent ici, & alors l'Aſſemblée
qui ſe voyoit prête à être ſerrée des deux côtés, & qui ſavoit que

d'ailleurs elle infpiroit à Saint-Marc même, plus de terreur que d'attachement, prit le parti, non pas de fe féparer, mais de chercher le falut commun dans une prompte fuite : le vaiffeau qu'elle avoit corrompu pour fe rendre *maîtreffe de la mer*, comme l'écrivoit un de fes Membres, n'a fervi qu'à la tranfporter loin de la Colonie.

Elle n'exifte donc plus cette Affemblée de rébelles qui n'a voulu reconnoître ni Lois, ni frein, qui n'a paru refpecter les Décrets de la Nation que pour les enfreindre avec plus de fécurité, qui pendant toute la durée de fon exiftence n'a montré que des paffions immodérées, l'orgueil, l'ambition, la cupidité, & qui n'a eu d'autre but que d'enlever la Colonie à la France pour s'en rendre maîtreffe, & d'écrafer le Commerce national pour être difpenfée de s'acquitter envers lui.

Tous les établiffemens qui lui devoient leur exiftence, ou qui la foutenoient, doivent tomber avec elle, à moins qu'ils ne foient ou reconnus par l'Affemblée nationale, ou formée fuivant la difpofition de fes Décrets. Ainfi ces établiffemens qui portent les noms de Comités, de Clubs, ne peuvent plus fubfifter; & les Municipalités déjà établies qui, foit dans leur formation, foit dans leurs fonctions excéderoient ce qui eft prefcrit par les Décrets de l'Affemblée nationale du 14 Décembre & autres fuivans, doivent y être ramenées ou révoquées.

Mais au furplus mon véritable devoir, & le plus preffant, c'eft de mettre la Colonie à portée de jouir pleinement du bienfait des Décrets des 8 & 28 Mars. C'étoit dans l'efpérance qu'elle en jouiroit plutôt, que j'avois prononcé la confirmation de l'Affemblée, quand je pouvois en prononcer la diffolution : elle a horriblement abufé de ma confiance contre l'intérêt de la France & de la Colonie; & fi cette confirmation laiffoit encore dans les efprits quelque fcrupule fur la diffolution que j'ai prononcée depuis, j'efpère qu'une réflexion fimple les léveroit.

Il n'eft pas permis de douter que la prefque totalité des Citoyens n'ait defiré que l'Affemblée fe conformât aux Décrets des 8 & 28 Mars, & que ce n'ait été une condition fans laquelle

elle ne devoit plus exiſter. Je n'aurois donc fait qu'accomplir le vœu de la Colonie, je dirai plus, j'aurois rempli plus exactement mon devoir, ſi avant de publier le réſumé des délibérations des Paroiſſes, j'euſſe demandé à l'Aſſemblée ſi elle entendoit ſe conformer, ou non, à ces Décrets de l'Aſſemblée nationale. Sur ſa réponſe négative, ou ſur ſon refus de répondre, j'aurois déclaré ne pouvoir reconnoître cette Aſſemblée, & toute la Colonie eût applaudi à cette réſolution. Les choſes ſont à-peu-près les mêmes aujourd'hui : ſans s'être expliquée, l'Aſſemblée a tenu une marche ſi directement contraire à ces Décrets, elle a ſi ouvertement attenté à la ſouveraineté de la Nation, que je ne puis la reconnoître ſans me rendre reſponſable envers l'Aſſemblée nationale & le Roi, de l'infraction par elle commiſe aux Lois qu'ils ont portées ; & il n'eſt pas un François qui puiſſe reſter véritablement attaché à une Aſſemblée auſſi coupable.

Ainſi la Colonie entière doit approuver le parti que j'ai pris par ma Proclamation du 29 Juillet ; elle doit s'eſtimer heureuſe de ce que l'Aſſemblée de Saint-Marc, preſſée par les forces dirigées contre elle, & peut-être par ſes remords, a pris la fuite ; & ſe regardant comme ſi à l'arrivée des Décrets, *il n'en eût point exiſté*, pour me ſervir des termes de l'article XV du ſecond de ces Décrets, la Colonie doit s'occupper inceſſamment du ſoin de former une Aſſemblée nouvelle qui, prenant pour baſe les Décrets de la Nation, élèvera ſur les fondemens les plus ſolides, l'édifice du bonheur public.

EN CONSÉQUENCE, & pour exécuter, en ce qui me concerne, le Décret de l'Aſſemblée nationale du 8 Mars dernier, & l'Inſtruction décrétée le 28 dudit mois, deſquels Décret & Inſtruction, la connoiſſance légale & authentique a été donnée aux Habitans de la Colonie, par les Proclamations & Affiches faites dans toutes les Paroiſſes au mois de Juin dernier.

Je déclare inviter tous les Citoyens actifs, c'eſt-à-dire, âgés de 25 ans accomplis, propriétaires d'immeubles, ou à défaut d'une telle propriété, domiciliés dans leur Paroiſſe depuis deux ans & payant une contribution, conformément à l'article IV de l'Inſtruction décrétée le 28 Mars dernier.

1°. A se réunir inceſſamment chacun dans leur Paroiſſe pour former l'Aſſemblée paroiſſiale.

2ᵈ. A prendre, l'Aſſemblée paroiſſiale étant formée, connoiſ-ſance du Décret de l'Aſſemblée nationale du 8 Mars dernier, & de l'Inſtruction décrétée le 28 du même mois, pour procéder im-médiatement à l'élection des Députés de leur Paroiſſe à une Aſ-ſemblée coloniale, ſuivant les articles V & VI de ladite Inſtruction.

3°. A faire à cet effet un état de dénombrement de toutes les perſonnes de la Paroiſſe abſentes ou préſentes, ayant la qualité exprimée audit article IV, ci-deſſus rapporté, pour déterminer, d'aprés leur nombre celui des Députés qui doivent être envoyés à l'Aſſemblée coloniale, & ce, à raiſon d'un Député par cent Citoyens, en obſervant, 1° que la dernière centaine ſera cenſée complète par le nombre de cinquante Citoyens, de ſorte que pour 150 Citoyens, il ſera nommé deux Députés, pour 250 Ci-toyens, trois Députés & ainſi de ſuite; 2° qu'on n'aura aucun égard dans les Paroiſſes où il y aura plus de cent Citoyens, au nombre fractionnaire, lorſqu'il ſera au-deſſous de cinquante; de ſorte que pour 149 Citoyens, il ne ſera nommé qu'un Dépu-té, & ainſi de ſuite. 3° Enfin, que les Paroiſſes où il ſe trouve-ra moins de cent Citoyens, nommeront toujours un Député, quelque foible que puiſſe être le nombre des Citoyens qui s'y trouveront; le tout ſuivant les articles VII & VIII de ladite Inſtruction.

4°. A procéder, après avoir déterminé le nombre de Dépu-tés que les Paroiſſes ont à nommer, à l'élection deſdits Députés dans la forme qui leur paroîtra la plus convenable ſuivant l'article IX de ladite Inſtruction, en obſervant ſuivant l'article XV, que les Membres, ſoit de l'Aſſemblée coloniale ci-devant exiſtante, ſoit des Aſſemblées provinciales exiſtantes, pourront être élus aux mêmes conditions que les autres Citoyens.

5°. A donner, ſi les Aſſemblées paroiſſiales le jugent à propos, ainſi qu'elles en ont la liberté par l'article X de ladite Inſtruction, des inſtructions à leurs Députés, en obſervant qu'elles ne pour-ront les charger d'aucuns mandats tendant à gêner leur opinion dans l'Aſſemblée coloniale, & moins, y inſérer des clauſes, ayant pour objet de les ſouſtraire à l'empire de la majorité; leſquels mandats ; si une Paroisse en donnoit de tels, seront réputés nuls, & l'Assemblée coloniale pourra n'y avoir aucun égard, mais l'élection des Députés n'en sera pas invalidée : le tout conformément audit article X.

6°. A charger les Députés élus par l'Assemblée paroissiale, de se rendre immédiatement & au plus tard, le 1er. Octobre, en la ville de Léogane, pour y déterminer le lieu où doit siéger l'Assemblée coloniale, suivant l'article XI de ladite Instruction.

Laquelle Assemblée coloniale s'organisera & procédera ainsi qu'il lui paroîtra convenable, & remplira les fonctions indiquées par le Décret de l'Assemblée nationale, du 8 dudit mois de Mars, en observant de se conformer dans son travail sur la Constitution, aux maximes énoncées dans les articles XVII & XVIII de ladite Instruction, lesquels portent :

ARTICLE 17. Examinant les formes suivant lesquelles le pouvoir législatif doit être exercé relativement aux Colonies, elles reconnoîtront que les Lois destinées à les régir, méditées & préparées dans leur sein, ne sauroient avoir une existence entière & définitive, avant d'avoir été décrétées par l'Assemblée nationale & sanctionnées par le Roi ; que si les Lois purement intérieures peuvent être provisoirement exécutées avec la sanction du Gouverneur, & en réservant l'approbation définitive du Roi, & de la législature Françoise, les Lois proposées qui toucheroient aux rapports extérieurs, & qui pourroient en aucune manière changer ou modifier les relations entre les Colonies & la Métropole, ne sauroient recevoir aucune exécution, même provisoire, avant d'avoir été consacrés par la volonté Nationale ; n'entendant point comprendre sous la dénomination des Lois, les exceptions momentanées, relatives à l'introduction des subsistances qui peuvent avoir lieu à raison d'un besoin pressant, & avec sanction du Gouverneur.

ARTICLE 18. En examinant les formes suivant lesquelles le pouvoir exécutif doit être exercé relativement aux Colonies, elles reconnoîtront que le Roi des François est dans la Colonie, comme dans tout l'Empire, le dépositaire suprême de cette partie de la puissance publique. Les Tribunaux, l'Administration, les forces Militaires, le reconnoîtront pour leur Chef ; il sera représenté dans la Colonie par un Gouverneur qu'il aura nommé, qui exercera provisoirement son autorité, mais sous la réserve toujours observée de son approbation définitive.

Je déclare de plus inviter l'Assemblée coloniale qui sera formée de la manière énoncée ci-dessus, à s'occuper avant tout du soin de mettre à exécution la partie des Décrets de l'Assemblée nationale, sur l'organisation des Municipalités & des Assemblées administratives, qui peut s'adapter aux convenances locales, sauf la décision définitive de l'Assemblée nationale & du Roi, sur les modifications qui pourroient y être apportées, & la sanction provisoire du Gouverneur pour l'exécution des arrêtés qui seront pris par les Assemblées administratives. Et ce, attendu que les Paroisses desirent jouir promptement des avantages que doit leur procurer l'établissement desdites Municipalités & Assemblées administratives, & qu'il est important de remédier promptement aux abus qui ont pu s'introduire, soit dans la formation des Municipalités déjà existantes, soit dans les fonctions qui leur ont été attribuées.

Je déclare, au reste, ne vouloir donner aucune atteinte aux Assemblées provinciales existantes, attendu que l'article Ier. de l'Instruction de l'Assemblée nationale les a admises & reconnues. Quant aux Comités, Clubs, ou autres établissemens de ce genre dont l'Assemblée Nationale ne parle point, je déclare que je ne puis en reconnoître aucun, jusqu'à ce que l'Assemblée coloniale m'ait fait connoître ses dispositions à cet égard.

Donné au Port-au-Prince, sous le sceau de nos Armes & le contre-seing de notre Secrétaire, le 29 Août 1790.

Signé, le Comte DE PEINIER.

Par M. le Gouverneur général,

Signé, ROY DE LA GRANGE.

www.ingramcontent.com/pod-product-compliance
Lightning Source LLC
Chambersburg PA
CBHW060713280326
41933CB00012B/2415